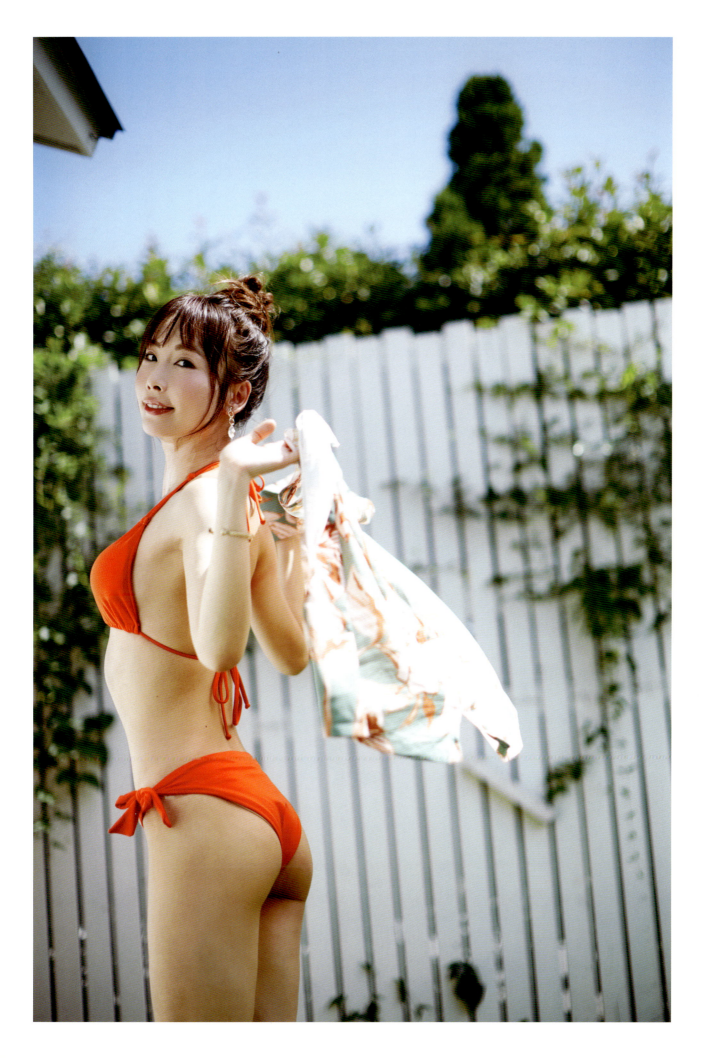

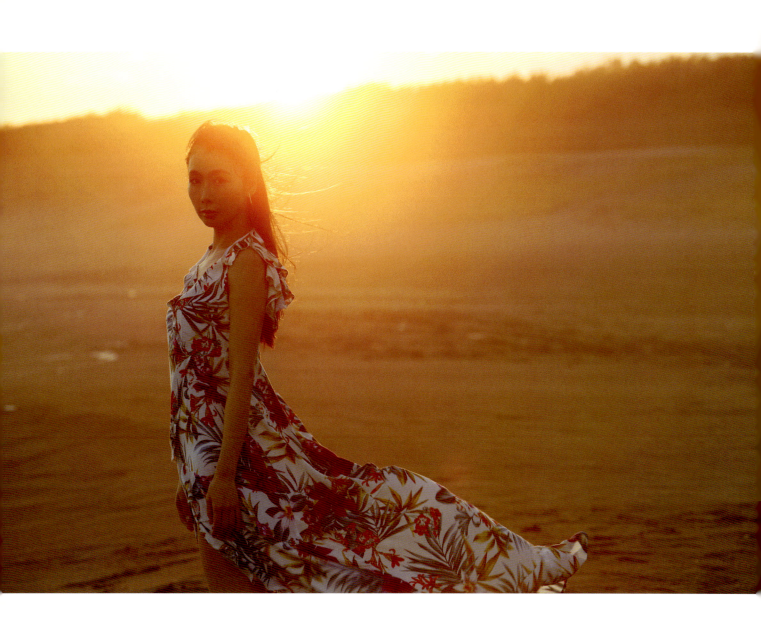

初めての写真集「route93」を
見てくれて、ありがとうございました ♡
アメリカンポップなロケーションや海などで撮影をし、
ありのままの私がいっぱい詰まった一冊です✿
一緒に楽しんでる気分で見てくれたら嬉しいです♪
これからも 応援 よろしくお願いします♡♡

坂地 久美

坂地久美

2019年10月11日 初版第一刷発行

Photographer	鬼澤礼門	発行者	佐野 裕
Stylist	倉島千佳	発行所	トランスワールドジャパン株式会社
Hair & Make-up	太田順子		〒150-0001 東京都渋谷区神宮前 6-34-15 モンターナビル
監修	トランスワールドジャパン		（販売）03-5778-8599
		印刷所	株式会社グラフィック

Printed in Japan　TRANSWORLD JAPAN INC. 2019
ISBN 978-4-86256-267-8

◎定価はカバーに表示されています。
◎本書の全部または一部を、著作権法で認められた範囲を超えて無断で複写、複製、転載、あるいはデジタル化を禁じます。
◎乱丁・落丁本は小社送料負担にてお取り替え致します。